Ditectif Geiriau

Llyfr 3

© Testun: Bethan Clement a Non ap Emlyn, 2015.
© Delweddau: Canolfan Peniarth,
Prifysgol Cymru Y Drindod Dewi Sant, 2015.

Golygwyd gan Lowri Lloyd.

Dyluniwyd gan Gwenno Henley.
Dyluniwyd y clawr gan Rhiannon Sparks.

Cyhoeddwyd yn 2015 gan Ganolfan Peniarth.

Cyflwyniad Ditectif Geiriau

Un o nodau Ditectif Geiriau yw cyfarwyddo a chynorthwyo dysgwyr ac athrawon Cyfnod Allweddol 2 gyda chynnwys y Profion Darllen Cenedlaethol yn ogystal ag ategu gofynion ieithyddol y Fframwaith Llythrennedd a Rhifedd Cenedlaethol (FfLlRh) diwygiedig a'r Cwricwlwm Cenedlaethol.

Er y bydd defnyddio'r llyfrau yn help i'r dysgwyr ymgyfarwyddo ag iaith y profion, e.e. 'tanlinellwch', dylid cofio nad adnodd ar gyfer gwersi Cymraeg a pharatoi ar gyfer y profion yn unig yw hwn. Dylid defnyddio Ditectif Geiriau fel adnodd ystafell ddosbarth i addysgu yn bennaf gan fanteisio ar gyfleoedd i ehangu geirfa a gwybodaeth am iaith y dysgwyr mewn ystod o gyd-destunau. Addysgu a mwynhau drwy gydol y flwyddyn yw un o brif nodau'r gyfres, nid ymarfer ar gyfer y profion ddechrau tymor yr haf.

Nid oes rhaid cyflwyno gweithgaredd cyfan ar yr un pryd i'r dysgwyr. Gellid defnyddio un testun dros gyfnod o amser, gan dynnu sylw at wahanol nodweddion yn y testun wrth baratoi ac yna, roi adborth wedi i'r dysgwyr gwblhau'r dasg.

Yn ogystal â helpu gyda sgiliau darllen y dysgwyr, bydd y gyfres hon yn cynnig cyfleoedd i'r dysgwyr ddatblygu ymhellach eu sgiliau llafar, rhifedd a rhesymu.

Mae cwestiwn olaf pob gweithgaredd mewn bocs. Dyma'r cwestiwn trafod neu ysgrifennu estynedig sy'n rhoi cyfle i'r dysgwyr resymu ac mae'n cynnig cyfleoedd gwych i ddatblygu sgiliau ehangach y dysgwyr.

Mae rhai testunau wedi'u cynnwys heb deitl yn fwriadol am fod adnabod y teitl yn rhan o'r dasg. Mae hyn yn cael ei nodi'n glir yn y cynnwys gyfochr â themâu'r testunau dan sylw.

Mae'r gyfres yn cynnwys pedwar o lyfrau sydd wedi eu graddoli ar gyfer dysgwyr Cyfnod Allweddol 2. Mae amrywiaeth o destunau gwahanol fel sbardunau cychwynnol i'r ymarferion, e.e. adroddiad papur newydd, portread, sgript.

Yn ogystal, datblygwyd adnoddau rhyngweithiol i gefnogi'r llyfrau. Gall unigolion neu grwpiau yn yr ysgol eu defnyddio ond gellid hefyd eu defnyddio yn y cartref er mwyn hybu dysgu annibynnol. Gellir cael mynediad i'r gweithgareddau ar http://adnoddau.canolfanpeniarth. org/ditectif-geiriau/.

Cynnwys

Darllenwch y testun hwn.

Y gwanwyn
Dail newydd ar goed,
Petalau'n agor,
Byd yn blaguro.

Yr haf
Haul poeth yn gwenu
dros enfys o liwiau'r haf
a mwmian gwenyn.

Yr hydref
Yn niwl y bore
Dail coch a brown yn disgyn –
Coeden yn cysgu.

Y gaeaf
Blanced o eira,
Dim si, dim symud, dim sŵn,
Dim lliwiau llawen.

Hedd ap Emlyn

1. Beth yw'r testun hwn?

Ticiwch **un**.

rysáit ☐
e-bost ☐
cerdd ☐
rhestr ☐

Rhowch **2** reswm dros eich ateb.

_____

_____

2. Beth fyddai'r teitl gorau ar gyfer y testun? Ticiwch **un.**

Y Goeden ☐

Y Tymhorau ☐

Tywydd Oer ☐

Lliwiau ☐

3. Cysylltwch y disgrifiadau ar y chwith â'r tymor ar y dde.

Mae un wedi ei wneud i chi.

sŵn pryfed	y gwanwyn
tawelwch llwyr	yr haf
niwl yn y bore	yr haf
byd natur yn deffro	yr hydref
cyfnod lliwgar	y gaeaf

4. Dewiswch a chopïwch **2** enghraifft o gyflythreniad (cytseiniaid yn cael eu hailadrodd).

_____

_____

5. Dewiswch a chopïwch y canlynol o'r testun:

ansoddair sy'n gysylltiedig â hapusrwydd   berfenw sy'n gysylltiedig â hapusrwydd

_____   _____

Sut mae'r darlun o'r gwanwyn a'r hydref yn cyferbynnu – sut maen nhw'n wahanol?

Sut mae'r darlun o'r haf a'r gaeaf yn cyferbynnu?

Beth am ysgrifennu cerdd am y tymhorau? Gallech chi ysgrifennu ar ffurf haicw, fel y gerdd yma, os ydych chi eisiau.

Darllenwch y testun yn y bocs.

Stori

"Ydych chi'n dod i feicio heno?" gofynnodd Gwen i'w ffrindiau, Tom a Mari.

"Syniad ardderchog. Rwy wrth fy modd ar gefn beic," meddai Mari.

"A finnau," meddai Tom. "Gwela i chi wrth y siop am bump o'r gloch."

****

Erbyn chwarter wedi pump, roedd y tri'n mynd ar ras ar hyd y llwybr beicio. Yn sydyn, rhedodd ci ar draws y llwybr. Wrth geisio stopio'n sydyn, syrthiodd Tom oddi ar ei feic a glanio'n bendramwnwgl ar y llawr.

"Tom, wyt ti'n iawn?" gofynnodd Gwen mewn llais ofnus.

"Nac ydw. Mae fy llaw i'n brifo'n ofnadwy," atebodd Tom, "ac mae'n gwaedu hefyd."

Roedd Mari'n crynu fel deilen ond roedd yn bwysig iddi fod yn gryf ac yn dawel er mwyn helpu Tom.

"Gwen," meddai Mari mewn llais cadarn, llawn awdurdod, "ffonia 999 ar unwaith a gofyn am ambiwlans."

"Ond rwyt ti'n gwybod nad oes ffôn symudol gen i, Mari."

"Wel, defnyddia fy ffôn i 'te," meddai Mari mewn llais pigog.

Erbyn hyn roedd wyneb Tom mor wyn â'r galchen. Roedd ofn ar Mari ond gwnaeth ei gorau glas i gofio'r gwersi cymorth cyntaf. Cydiodd yn ei sgarff a'i lapio'n dynn am law Tom.

"Dal dy law i fyny," meddai hi'n garedig wrth Tom, "bydd hynny'n help i atal y gwaedu."

Cododd Tom ei law ond erbyn hyn roedd e hefyd yn crynu fel jeli ar sbrings. Tynnodd Mari ei chot ar unwaith a rhoddodd hi am Tom.

"Gwisga hon. Mae'n bwysig i ti gadw'n gynnes," meddai wrtho mewn llais hyderus.

"Fe af i i brynu diod boeth iddo. Bydd yn help i'w dwymo," meddai Gwen.

"Na, paid!" meddai Mari. "Ddylai e ddim yfed dim byd rhag ofn bydd angen iddo gael llawdriniaeth."

O'r diwedd cyrhaeddodd yr ambiwlans a'r paramedics. Rhywun arall oedd yn gofalu am Tom nawr ond diolch byth bod Mari'n gwybod beth i'w wneud.

1. Mae Tom yn dweud, "Gwela i chi wrth y siop am bump o'r gloch."

Pa un o'r brawddegau yma sy'n golygu'r un peth?

Ticiwch **un** frawddeg.

"Roeddwn i wedi'ch gweld chi wrth y siop am bump o'r gloch." ☐

"Byddaf i'n eich gweld chi wrth y siop am bump o'r gloch." ☐

"Gwelais i chi wrth y siop am bump o'r gloch." ☐

"Gwelwn i chi wrth y siop am bump o'r gloch." ☐

2. Ystyr un ymadrodd yn y tair llinell gyntaf yw 'hoffi'. Ysgrifennwch yr ymadrodd yma.

_____

3. Ticiwch **Cywir** neu **Anghywir** ar gyfer pob brawddeg.

	Cywir	Anghywir
Mae Mari yn hoffi beicio.		
Ar ôl syrthio, roedd wyneb Tom yn wyn iawn.		
Bydd dal llaw Tom i fyny yn help i stopio'r gwaedu.		
Prynodd Gwen ddiod i Tom.		
Mae Tom yn mynd i gael llawdriniaeth.		

4. Darllenwch y darn yma.

> "Tom, wyt ti'n iawn?" gofynnodd Gwen mewn llais ofnus.
>
> "Nac ydw. Mae fy llaw i'n brifo'n ofnadwy," atebodd Tom, "ac mae'n gwaedu hefyd."
>
> Roedd Mari'n crynu fel deilen ond roedd yn bwysig iddi fod yn gryf ac yn dawel er mwyn helpu Tom.
>
> "Gwen," meddai Mari mewn llais cadarn, llawn awdurdod, "ffonia 999 ar unwaith a gofyn am ambiwlans."
>
> "Ond rwyt ti'n gwybod nad oes ffôn symudol gen i, Mari."
>
> "Wel, defnyddia fy ffôn i 'te," meddai Mari mewn llais pigog.

Pwy sy'n dweud y geiriau yma yn y llinell olaf ond un?

"Ond rwyt ti'n gwybod nad oes ffôn symudol gen i, Mari."

---

5. Darllenwch y darn yma.

> "Ydych chi'n dod i feicio heno?" gofynnodd Gwen i'w ffrindiau, Tom a Mari.
>
> "Syniad ardderchog. Rwy wrth fy modd ar gefn beic," meddai Mari.
>
> "A finnau," meddai Tom. "Gwela i chi wrth y siop am bump o'r gloch."
>
> ***************
>
> Erbyn chwarter wedi pump, roedd y tri'n mynd ar ras ar hyd y llwybr beicio. Yn sydyn, rhedodd ci ar draws y llwybr. Wrth geisio stopio'n sydyn, syrthiodd Tom oddi ar ei feic a glanio'n bendramwnwgl ar y llawr.
>
> "Tom, wyt ti'n iawn?" gofynnodd Gwen mewn llais ofnus.

Yn llinell gyntaf y darn, mae Gwen yn gofyn, "Ydych chi'n dod i feicio heno?"
Yn y llinell olaf, mae hi'n gofyn, "Tom, wyt ti'n iawn?" Pam mae hi'n dweud
"Ydych chi?" y tro cyntaf ac "Wyt ti?" yr ail waith?

_____

_____

6. Ydych chi'n meddwl bod Mari wedi bod i ddosbarth cymorth cyntaf? Pam
rydych chi'n dweud hyn?

_____

_____

Yn eich grŵp:

- meddyliwch am well teitl i'r testun ac yna eglurwch pam mae'r
  teitl yma'n fwy addas

- trafodwch pa fath o bobl yw Gwen a Mari ac yna siaradwch
  am beth sy'n debyg ac yn wahanol rhyngddynt

- ystyriwch a oes gwersi i'w dysgu o'r stori. Beth ydyn nhw?

Cofiwch roi digon o resymau i gefnogi eich barn.

Bywyd yn Haiti

Beth yw daeargryn?

Mae daeargryn yn digwydd os yw crwst y ddaear yn symud yn sydyn. Mae crwst y ddaear fel jig-so. Mae'r darnau'n ffitio i'w gilydd yn dda ac maen nhw'n ffurfio crwst dros y ddaear. Weithiau, mae'r darnau'n cael eu gwasgu'n rhy dynn yn erbyn ei gilydd ac mae'r platiau'n symud yn sydyn. Dyna pryd mae daeargryn yn digwydd.

Daeargryn Haiti

Ym mis Ionawr 2010 roedd daeargryn ofnadwy yn Haiti. Dyma rai ffeithiau:

- Cafodd dros 220 000 o bobl eu lladd.
- Cafodd dros 300 000 o bobl eu hanafu.
- Collodd miliwn a hanner o bobl eu cartrefi.

Bedair blynedd yn ddiweddarach, ym mis Ionawr 2014, roedd tua 172 000 o bobl yn dal i fyw mewn pebyll. Gabriel oedd un ohonynt. Dyma beth ddywedodd e.

Rwy wedi bod yn byw yma nawr am bedair blynedd neu hanner fy mywyd. Cyn bo hir, bydda i wedi bod yn byw mewn pabell am fwy o amser na mewn tŷ. Cafodd fy chwaer ei geni yma. Dyw hi erioed wedi cysgu mewn gwely na byw mewn ystafell go iawn.

Dw i ddim yn hapus yn byw yn y babell. Mae llawer o ddwst yma, yn arbennig os bydd y gwynt yn codi. Bryd hynny, mae'r pebyll yn ysgwyd ac weithiau mae rhai ohonyn nhw'n rhwygo. Ar y llaw arall, pan mae hi'n braf, mae'r gwres yn y babell yn ofnadwy.

Does dim dŵr gyda ni, dim tai bach, dim golau a dim trydan. Byddwn i wrth fy modd yn mynd i'r ysgol ond mae'n rhaid i mi helpu Mam i gasglu poteli i'w hailgylchu.

1. Tynnwch linellau i gysylltu'r ffigurau a'r geiriau.

miliwn a hanner	220 000
cant saith deg dau o filoedd	300 000
tri chan mil	172 000
dau gant dau ddeg o filoedd	1 500 000

2. Darllenwch beth mae Gabriel yn ei ddweud. Ticiwch **Cywir** neu **Anghywir** ar gyfer pob brawddeg.

	Cywir	Anghywir
1. Mae Gabriel yn wyth oed.		
2. Mae Gabriel yn ifancach na'i chwaer.		
3. Mae chwaer Gabriel yn hoffi cysgu mewn gwely.		
4. Mae bywyd yn y babell yn drist i Gabriel.		
5. Mae pabell Gabriel wedi'i rhwygo.		

3. Mae Gabriel yn dweud, "Byddwn i wrth fy modd yn mynd i'r ysgol ond mae'n rhaid i mi helpu Mam i gasglu poteli i'w hailgylchu."

Tanlinellwch yr ymadrodd sy'n dangos bod Gabriel eisiau mynd i'r ysgol.

4. Cafodd llawer o bobl eu hanafu yn naeargryn Haiti. Beth yw ystyr y gair 'anafu'?

Ticiwch **un**.

brifo ☐   symud ☐

lladd ☐   syrthio ☐

5. Weithiau, mae rhai o'r pebyll yn rhwygo. Beth yw ystyr 'rhwygo'?

Ticiwch **un**.

syrthio ☐   siglo ☐

torri ☐   drafftiog ☐

6. Yn y paragraff cyntaf, mae'r awdur yn defnyddio cymhariaeth i ddisgrifio crwst y ddaear. Ysgrifennwch y gymhariaeth yma.

_____

Yn eich grŵp, eglurwch sut mae eich bywyd chi'n wahanol i fywyd Gabriel. Beth allech chi ei wneud i helpu plant fel Gabriel yn Haiti? Cofiwch roi digon o resymau.

Darllenwch y testun yn y bocs isod.

Golygfa 1

Mae Mr Davies yn ymlacio o flaen y teledu. Mae Wil, ei fab un ar ddeg oed, yn dod i mewn.

Wil: *(yn gyffrous)* Helo, Dad.

Dad: *(yn troi i edrych ar ei fab)* Rwyt ti'n swnio'n hapus iawn.

Wil: *(yn siarad yn gyflym)* O ydw, Dad. Rwy wrth fy modd. Mae'r tîm hoci yn mynd i chwarae mewn cystadleuaeth yng Nghaerdydd dros hanner tymor. Byddwn ni'n aros yng Nghanolfan yr Urdd yn y Bae ac yn chwarae pum gêm yn erbyn ysgolion o bob rhan o Gymru.

Dad: Wil, cymer anadl, wir. Rwyt ti'n siarad fel pwll y môr.

Wil: Ond Dad, rwy mor gyffrous. Rwy'n edrych ymlaen gymaint. Fedra i ddim aros.

Dad: *(golwg drist arno)* Ond Wil, rwyt ti'n gwybod ein bod ni'n mynd i Gaer i weld Nain yn ystod wythnos hanner tymor. Dydy hi ddim yn iach iawn a dydy Mam ddim wedi ei gweld ers dros fis nawr.

Wil: *(gan weiddi a stompio tuag at y drws)* Dyna ni eto. Fi fydd yr unig un yn y tîm fydd ddim yn cael mynd. Mae pawb arall yn y tŷ yma'n bwysicach na fi!

Mam: *(yn cerdded i mewn i'r ystafell a gwên lydan ar ei hwyneb)* Beth sy'n bod arnat ti?

Wil: *(yn ddiamynedd gan bwyntio at ei dad)* Gofynnwch iddo fe.

Mam: Dwyt ti ddim yn mynd i aros i glywed fy newyddion i 'te?

Wil: Nac ydw. Rwy wedi cael llond bol arnoch chi'ch dau. *(Mae e'n cau'r drws yn glep ar ei ôl)*

Dad: Wel, beth yw dy newyddion di, Gwen?

Mam: Mae Mam yn teimlo'n llawer gwell. Mae hi wedi cael newyddion da yn yr ysbyty heddiw ac mae hi'n mynd i ddod yma i aros gyda ni dros hanner tymor.

1. Beth yw ffurf y testun yma?

    Ticiwch **un**.

    llythyr ☐

    stori ☐

    cerdd ☐

    sgript ☐

2. Beth yw enw tad Wil?

    _____

3. Darllenwch y darn yma eto.

    > _Mae Mr Davies yn ymlacio o flaen y teledu. Mae Wil, ei fab un ar ddeg oed, yn dod i mewn._

    Beth yw pwrpas y brawddegau yma?

    Ticiwch **un**.

    dweud sut mae'r actorion yn teimlo ☐

    gosod y sefyllfa ☐

    dweud beth sydd wedi digwydd ☐

    dweud beth sy'n mynd i ddigwydd ☐

4. Beth yw pwrpas y geiriau mewn cromfachau (...) a'r print _italaidd_?

    Ticiwch **un**.

    dweud wrth y gynulleidfa beth mae'r actorion yn ei wneud ☐

    dweud wrth yr actorion beth i'w wneud ☐

    dweud wrth y gynulleidfa sut mae'r cymeriadau'n teimlo ☐

    dweud wrth yr actorion pwy sy'n siarad nesa ☐

5. Beth yw ystyr 'Fedra i ddim aros.'?

Ticiwch **un**.

Rwyf i eisiau aros. ☐

Dw i ddim eisiau aros. ☐

Dydw i ddim yn gallu aros. ☐

Rwy'n gallu aros. ☐

6. Copïwch **3** ansoddair o'r testun yma.

_____

_____

_____

7. Mae Dad yn dweud, "Wil, cymer anadl, wir. Rwyt ti'n siarad fel pwll y môr."

Yn eich barn chi, sut mae Wil yn siarad?

Ticiwch **un**.

Mae e'n siarad yn gyflym iawn. ☐

Mae e'n siarad yn araf iawn. ☐

Mae e'n siarad yn dawel iawn. ☐

Mae e'n siarad yn uchel iawn. ☐

8. Beth yw ystyr 'yn bwysicach na fi'?

Ticiwch **un**.

yn llai pwysig na fi ☐

yn fwy pwysig na fi ☐

yr un mor bwysig â fi ☐

bron yr un mor bwysig â fi ☐

9. Mam pwy yw Nain?

_____

10. Sut mae Mam yn teimlo ar ddiwedd y darn?

_____

11. Mae Wil 'wedi cael llond bol ar' ei rieni. Beth yw ystyr hyn?

Ticiwch **un**.

Mae Wil wedi bwyta gormod. ☐

Mae e wedi hen flino ar ei rieni. ☐

Mae e'n hoff iawn o'i rieni. ☐

Mae ei rieni'n hoffi bwyta llawer. ☐

12. Ticiwch **Cywir** neu **Anghywir** ar gyfer pob brawddeg.

	Cywir	Anghywir
1. Mae mam-gu Wil yn byw yng Nghaer.		
2. Bydd Mam yn mynd i Gaer dros hanner tymor.		
3. Mae Nain yn gwella.		
4. Mae Wil eisiau mynd i Gaer dros y gwyliau.		
5. Mae newyddion trist gan Mam.		

Pa fath o berson yw Wil yn eich barn chi? Eglurwch pam rydych chi'n dweud hyn. Ydych chi'n meddwl bydd e'n mynd i chwarae hoci yng Nghaerdydd dros hanner tymor?

Trafodwch yn eich grŵp. Cofiwch roi digon o resymau i gefnogi eich barn.

Darllenwch y testun yn y bocs isod.

Roedd hi'n brysur iawn yno. Roedd cadeiriau haul ymhobman a channoedd o oedolion yn gorwedd mor stiff â phlocyn ar y tywelion oedd wedi eu gosod ar hyd y lle. O'u cwmpas, rhedai plant yn wyllt yn gweiddi a sgrechian, yn chwarae gemau pêl, yn cwrso'i gilydd ac yn hedfan barcutiaid.

Dyma sut roedd hi bob amser ar benwythnos yn yr haf. Roeddwn i wedi rhybuddio Anti Gwen ond gwrthododd wrando. Byddai wedi bod yn llawer gwell i ni ddod yma gyda'r nos, wedi i'r tyrfaoedd fynd adre. Doedd dim lle i symud yno ond roedd Anti Gwen yn ddall i'r cyfan. Eisteddai yn ei chadair yn gwrando ar gerddoriaeth ac yn claddu ei thraed yn y tywod.

Roedd yr haul yn ei anterth ond sylwodd hi ddim. Roeddwn i'n poeni amdani ac awgrymais y dylai roi eli ar ei chorff cyn i'r pelydrau wneud drwg iddi.

1. Rhowch deitl i'r testun yma.

_____

2. Ble mae'r awdur? Sut rydych chi'n gwybod?

_____

_____

3. Pam roedd yr oedolion yn gorwedd ar y tywelion?

Ticiwch **un**.

achos roedden nhw wedi blino ☐   achos roedden nhw'n wlyb ☐

achos roedden nhw'n torheulo ☐   achos roedden nhw'n stiff ☐

4. Dewiswch a chopïwch **un** gair sy'n dangos bod y plant yn rhedeg ar ôl ei gilydd.

_____

5. Pam mae'r awdur yn meddwl y byddai wedi bod yn well iddynt fynd yno ar ddiwedd y dydd?

Ticiwch **un**.

Byddai mwy o bobl yno. ☐   Fyddai hi ddim mor boeth. ☐

Byddai llai o bobl yno. ☐   Fyddai'r haul ddim mor gryf. ☐

6. Pam mae'r awdur yn poeni am Anti Gwen?

_____

7. Ydych chi'n meddwl bod yr awdur yn mwynhau'r trip? Pam rydych chi'n meddwl hyn?

_____

_____

8. Mae cymhariaeth yn y paragraff cyntaf. Copïwch y gymhariaeth yma.

_____

9. Ticiwch **Cywir** neu **Anghywir** ar gyfer pob brawddeg.

	Cywir	Anghywir
Roedd Anti Gwen yn ddall.		
Roedd yr haul yn boeth iawn.		
Roedd Eli ac Anti Gwen yn eistedd yn yr haul.		
Roedd tywod yn gorchuddio traed Anti Gwen.		
Roedd adar yn hedfan o gwmpas y plant.		

Meddyliwch am ryw dro pan aethoch chi ar daith neu drip ac roedd llawer o bobl yno. Fwynheuoch chi? Pam? Disgrifiwch y sefyllfa i'ch grŵp. Beth am ysgrifennu darn tebyg i'r testun yma i ddisgrifio sut roedd pethau?

Darllenwch y testun yma.

Beth yw e?

Pe baech chi'n gweld y creadur yma yn y parc, beth fyddech chi'n ei wneud – rhoi maldod iddo, neu symud yn gyflym i'r cyfeiriad arall? O bellter, mae'n edrych fel rhyw deigr rhyfedd yn ei got oren a du streipiog, ond ci yw e! Dyma'r ffasiwn diweddara yn China - lliwio'ch cŵn i edrych fel anifail arall megis teigr, panda neu gamel!

Ond nid yw dilyn y ffasiwn yma'n rhad. Gall trip i'r parlwr ymbincio i liwio'r ci gostio tua $100 neu £67 a bydd y driniaeth yn para hyd at bum awr. Mae'n rhaid bod yn ofalus gyda'r math o liw a ddefnyddir gan fod rhai mathau o liw yn gallu bod yn wenwynig i'r cŵn. Hyd yn oed wedyn, mae staff yn argymell peidio â lliwio'r cŵn yn amlach na dwywaith y flwyddyn.

Mae'r arferion hyn yn adlewyrchu'r newid diwylliannol sydd wedi digwydd yn China. Ar un adeg, nid oedd y bobl gyffredin yn gweld unrhyw werth i gŵn gan fod rhaid eu bwydo er nad oeddent yn cyfrannu unrhyw beth i gymdeithas. Roedd cathod, ar y llaw arall, yn dderbyniol gan eu bod yn dal llygod. Dechreuodd pethau newid yn y 1990au ond mae cŵn yn dal i gael eu bwyta hyd heddiw mewn rhai ardaloedd tlawd.

Felly, mae cadw cŵn yn China yn pegynnu rhwng y tlawd a'r cyfoethog. Yn sicr, dylai cŵn sy'n cael eu lliwio i edrych fel anifail arall fod yn ddiolchgar nad ydynt yn cael eu llywio i'r lladd-dy.

1. Beth yw pwrpas y testun hwn?

Ticiwch **un**.

mynegi barn ☐   perswadio ☐

hysbysebu ☐   cyflwyno gwybodaeth ☐

2. Ticiwch **Cywir** neu **Anghywir** ar gyfer pob brawddeg.

	Cywir	Anghywir
Dim ond pobl gyfoethog sy'n gallu fforddio lliwio'u cŵn.		
Does neb yn bwyta cŵn yn China heddiw.		
Mae'n iawn i liwio cŵn dair gwaith y flwyddyn.		
Dim ond cŵn wedi eu lliwio sy'n cael eu hanfon i'r lladd-dy.		
Mae mynd â'r ci i'r parlwr ymbincio yn ddrud.		
Mae rhai mathau o liw yn gallu bod yn beryglus i gŵn.		

3. Tynnwch **5** llinell i gysylltu'r geiriau ar y chwith â'u hystyron. Mae un wedi ei wneud i chi.

maldod	awgrymu
rhad	digon o arian
argymell	rhoi
cyfoethog	mwythau
pegynnu	dim yn costio llawer
cyfrannu	mynd i'r ddau eithaf

4. Darllenwch y frawddeg yma.

> O bellter, mae'n edrych fel rhyw deigr rhyfedd yn ei got oren a du streipiog, ond ci yw e!

Pam mae ebychnod ar ddiwedd y frawddeg?

Ticiwch **un**.

i ddangos mai brawddeg sydd yma ☐

i ddangos syndod ☐

i ddangos bod ofn ar yr awdur ☐

i ddangos bod y lliwiau'n anhygoel ☐

5. Pam roedd cadw cath yn fwy derbyniol na chadw ci yn China?

_____

_____

Beth yw'ch barn chi am geisio newid golwg un anifail i wneud iddo edrych fel anifail arall? Trafodwch yn eich grŵp gan roi digon o resymau dros eich barn er mwyn ceisio perswadio aelodau eraill eich grŵp i gytuno â chi.

Y TRÊN SGRECH

Canodd y cloc larwm, ond doedd neb yn y gwely. Roedd Gwyn eisoes wedi codi, ymolchi a gwisgo. Roedd e wedi pacio'i fag ac yn disgwyl yn amyneddgar i'w fam godi. O'r diwedd clywodd ddrws ei hystafell wely'n agor.

"Wyt ti'n barod, Gwyn?" gofynnodd. "Ydy dy frechdanau a dy got law gyda ti?"

"Ydyn, Mam," atebodd Gwyn.

"Dyma bum punt i ti gael gwario. Mwynha dy hun ond bydd yn ofalus."

"Diolch yn fawr, Mam. Bydda i'n siwr o fwynhau," atebodd Gwyn â gwên fawr ar ei wyneb.

Doedd Gwyn ddim wedi bod i'r parc antur o'r blaen. Bu ei dad farw pan oedd Gwyn yn fabi. Roedd ei fam yn gweithio'n galed ond doedd dim llawer o arian ganddyn nhw. Doedden nhw ddim yn gallu mynd ar lawer o dripiau.

Cerddodd Gwyn a'i fam i faes parcio'r clwb rygbi. Roedd Mr Tomos a rhai o'r bechgyn wedi cyrraedd yn barod. Roedd pawb yn siarad â'i gilydd yn gyffrous iawn. O'r diwedd, cyrhaeddodd y bws a dywedodd Mr Tomos wrth y plant am fynd i mewn yn drefnus.

"Cyn i ni adael," meddai Mr Tomos, "does dim bwyta nac yfed ar y bws ac mae'n rhaid i bawb aros yn eu seddau drwy'r amser." Yna, taniodd y gyrrwr yr injan ac i ffwrdd â nhw.

"Rwy'n edrych ymlaen yn fawr at fynd ar y trên sgrech," meddai Gwyn.

"A finnau hefyd," atebodd ei ffrind Cian, "ond gobeithio na fydd yn rhaid i ni giwio'n hir. Roedd ciws hir am y reids gorau i gyd yn y parc antur pan es i ar fy ngwyliau llynedd."

"Edrych," meddai Gwyn, "does dim llawer o bobl yn ciwio."

Roedden nhw'n gyrru heibio i'r parc ar y ffordd i'r maes parcio. Cyn iddyn nhw adael y bws, siaradodd Mr Tomos eto.

"Ewch â'ch cotiau a'ch pecynnau bwyd gyda chi. Byddwch yn ofalus. Mwynhewch a chofiwch fod yn ôl yma erbyn hanner awr wedi pedwar."

Roedd y plant wrth eu bodd yn y parc antur. Cawson nhw ddigon o hwyl a sbri ac roedd llawer iawn o sgrechian hefyd wrth iddyn nhw fynd i fyny ac i lawr, yn ôl ac ymlaen, rownd a rownd.

"Dyma beth yw hwyl," meddai Gwyn.

"Wn i ddim. Dydy'r lle yma ddim mor wych â hynny," atebodd Toby'n bigog. "Es i i America gyda fy rhieni y llynedd ac roedd reids gwych yno, llawer gwell na'r rhain."

"Wel, rwy'n mwynhau yma, beth bynnag," meddai Gwyn. "Rwy'n mynd i fynd ar y trên sgrech unwaith eto cyn mynd adre. Oes rhywun am ddod gyda fi?"

"Dw i eisiau dod," atebodd Cian yn frwdfrydig.

"Na, mae'n well gen i fynd i gael sglodion ar y ffordd i'r bws," atebodd Toby.

Ugain munud yn ddiweddarach, roedd Toby yn mwynhau ei sglodion wrth gerdded ling-di-long tuag at y bws. Yn sydyn, clywodd sŵn ofnadwy. Edrychodd i fyny a gwelodd rai o'r cerbydau'n uchel yn yr awyr yn hongian wyneb i waered! Rhedodd nerth ei draed tuag at y trên sgrech.

E. W. Williams

1. Sut rydych chi'n meddwl mae Gwyn yn teimlo yn y paragraff cyntaf?

   Ticiwch **un**.

   yn flinedig ☐

   yn drist ☐

   yn gyffrous ☐

   yn nerfus ☐

2. Faint o arian gafodd Gwyn gan ei fam?

   _____

3. Pwy sydd wedi bod i barc antur o'r blaen?

   Ticiwch **2**.

   Mr Tomos ☐

   Gwyn ☐

   Cian ☐

   Toby ☐

4. Beth roedd yn rhaid i'r plant fynd gyda nhw pan adawon nhw'r bws yn y parc antur?

   Ticiwch **2** beth.

   arian ☐

   bwyd ☐

   esgidiau ☐

   cotiau ☐

   tocynnau ☐

5. Am faint o'r gloch bydd y bws yn gadael i fynd adre?

   _____

6. Beth yw ystyr yr ymadroddion yma? Tynnwch **4** llinell i gysylltu'r ymadrodd â'r esboniad.

Ymadrodd	Esboniad
nerth ei draed	yn araf
wyneb i waered	yn gyflym
ling-di-long	yn hapus iawn
wrth eu bodd	traed i fyny, pen i lawr

7. Rhowch y digwyddiadau hyn yn eu trefn o 1 i 5. Mae un wedi ei wneud yn barod i chi.

1. Toby yn prynu sglodion ☐

2. y gyrrwr yn tanio'r injan ☐

3. y plant yn cyrraedd y clwb rygbi ☐

4. tad Gwyn yn marw 1

5. Mam yn rhoi pum punt i Gwyn ☐

8. Edrychwch ar y frawddeg yma o'r paragraff olaf:

Edrychodd i fyny a gwelodd rai o'r cerbydau'n uchel yn yr awyr yn hongian wyneb i waered!

Pam mae ebychnod ar y diwedd?

Ticiwch **un**.

i ddangos syndod ☐

i ddangos ofn ☐

i ddangos tristwch ☐

i ddangos hyder ☐

9. Pwy yw awdur y stori?

_____

10. Mae'r paragraff olaf yn dechrau gyda'r geiriau, 'Ugain munud yn ddiweddarach ...'
Marciwch ugain munud yn ddiweddarach na'r amseroedd yma.

Siaradwch yn eich grŵp am y stori. Cofiwch roi digon o resymau i gefnogi eich barn. Dyma rai syniadau i chi.

- Ydych chi wedi ei mwynhau?

- Pa fath o bobl ydy'r cymeriadau?

- Beth mae'r ffordd mae pobl yn siarad yn ei ddweud wrthoch chi amdanynt?

- Ydych chi eisiau darllen stori arall gan yr awdur yma?

Darllenwch y daflen ddrafft yma.

CYSTADLEUAETH
PECYN PARTI

Rhaid cynllunio:

| platiau parti | mygiau parti | hetiau parti | bagiau parti |

Y WOBR: Gwerth £500 o lyfrau i'ch ysgol

SUT I GYSTADLU:

Mewn grŵp, penderfynwch ar thema arbennig, e.e. Y Sw, Glan y Môr, Anifeiliaid, Y Gofod – neu unrhyw thema arall.

Yna, rhaid i chi greu cynlluniau lliwgar ar y thema ar gyfer platiau parti
mygiau parti
hetiau parti
bagiau parti

Ar ôl gorffen, anfonwch eich cynlluniau at:
Sam Jones
Parti Perffaith
Stryd y Dŵr
Llanaber
LL34 6YY

neu gallwch chi eu hanfon nhw drwy'r e-bost at: sam@partiperffaith.co.uk

Rhaid anfon yr holl waith **erbyn 1 Gorffennaf**

- - - - - ✂ -

Rhaid i chi lenwi'r ffurflen yma a'i hanfon gyda'r gwaith:

Enw'r ysgol: _____

Y dref/y pentref lle mae'r ysgol: _____

Blwyddyn ysgol: _____

Enw'r athro/athrawes: _____

Enw'r pennaeth: _____

Gallwch chi lenwi'r ffurflen ar-lein, os ydych chi eisiau.
Ewch i: www.partiperffaith.co.uk

1. Pwy sy'n cael cystadlu?

Ticiwch **un**.

plant ysgol ☐

Sam Jones ☐

yr athro/athrawes ☐

pennaeth yr ysgol ☐

2. Darllenwch y poster eto. Ydy'r brawddegau yma'n gywir neu'n anghywir?

Ticiwch **Cywir** neu **Anghywir**.

	Cywir	Anghywir
Rhaid paratoi bwyd parti ar gyfer y gystadleuaeth.		
Bydd yr enillwyr yn ennill trip i'r sw.		
Rhaid i bawb wisgo het bapur.		
Mae'n bosib anfon y gwaith drwy'r e-bost.		

3. Sut mae ysgrifennu £500?

Ticiwch **un**.

pum punt ☐

pum deg punt ☐

pum can punt ☐

pum mil o bunnau ☐

4. Pryd mae'n rhaid anfon y gwaith at Sam Jones?

Ticiwch **un**.

yn y gwanwyn ☐

yn yr haf ☐

yn yr hydref ☐

yn y gaeaf ☐

5. Llenwch y ffurflen ar waelod y daflen.

Rhaid i chi lenwi'r ffurflen yma a'i hanfon gyda'r gwaith:

Enw'r ysgol: _____

Y dref / y pentref lle mae'r ysgol: _____

Blwyddyn ysgol: _____

Enw'r athro / athrawes: _____

Enw'r pennaeth: _____

Gallwch chi lenwi'r ffurflen ar-lein, os ydych chi eisiau.
Ewch i: www.partiperffaith.co.uk

6. Pa farc atalnodi sydd ei angen ar ddiwedd y frawddeg yma?

Rhaid anfon yr holl waith **erbyn 1 Gorffennaf**

Ticiwch **un**.

Mewn grŵp, penderfynwch ar thema addas ar gyfer parti.

Rhaid i bawb ysgrifennu **un** syniad ar *post-it*. Yna, rhaid i bawb ddangos ei *post-it* a dweud pam mae wedi penderfynu ar y thema yma.

Fel grŵp, penderfynwch ar y syniad gorau.

Yna, rhaid i bob grŵp gymharu syniadau gan ddweud pam maen nhw wedi dewis thema arbennig.

Gwnewch gynllun lliwgar sy'n addas i'r thema ar gyfer platiau parti, mygiau parti, hetiau parti a bagiau parti.

Dangoswch eich cynllun i'r grŵp. Beth yw barn y grŵp am y cynllun?

Darllenwch y chwedl hon.

Chwedl Llyn y Fan Fach

Un diwrnod, pan oedd mab fferm Blaen Sawdde yn edrych ar ôl gwartheg ei fam ger Llyn y Fan Fach, gwelodd y forwyn harddaf roedd wedi ei gweld erioed. Roedd hi'n eistedd ar wyneb y dŵr a syrthiodd y dyn ifanc mewn cariad â hi ar unwaith.

Aeth ati a chynigiodd ddarn o fara iddi er mwyn denu ei sylw ond gwrthododd hi'r bara, gan ddweud, "Mae dy fara di'n rhy sych. Wnei di byth fy nal i," a diflannodd i mewn i'r llyn.

Dychwelodd y dyn ifanc y diwrnod wedyn a chynigiodd fwy o fara iddi, ond gwrthododd hi ei gymryd eto. "Mae dy fara di'n rhy laith," dywedodd y forwyn y tro yma, cyn diflannu i mewn i'r llyn.

Dychwelodd y dyn ifanc y trydydd dydd a chynnig bara i'r forwyn eto. Y tro hwn, roedd hi'n hapus gyda'r bara ac felly dyma hi'n ei dderbyn.

Gofynnodd y dyn ifanc iddi ei briodi a chytunodd – ar un amod. Dywedodd petai e'n ei tharo hi dair gwaith, y byddai'n dychwelyd i'r llyn. Roedd y dyn ifanc yn hapus iawn gyda'r amod oherwydd nid oedd yn gallu gweld unrhyw reswm pam byddai'n ei tharo byth!

Priododd y ddau a rhoddodd tad y ferch wartheg, defaid, geifr a cheffylau gorau'r wlad iddynt yn anrheg briodas. Aethant i fyw ar fferm Esgair Llaethdy a chawsant dri mab. Roeddent yn hapus iawn ar y fferm am flynyddoedd.

Un diwrnod, digwyddodd rhywbeth anffodus iawn. Dyma'r dyn ifanc yn taro'i wraig yn ysgafn ar ddamwain yn ei chartref pan oedd hi'n anfodlon mynd i wasanaeth bedydd yn yr ardal. Yna, beth amser wedyn, dyma fe'n ei tharo hi eto ar ddamwain pan oedd hi'n crio mewn priodas – ac eto pan ddechreuodd hi chwerthin mewn angladd. Erbyn hyn, roedd e wedi ei tharo hi dair gwaith ac felly diflannodd y forwyn yn ôl i Lyn y Fan Fach, gan gymryd yr holl anifeiliaid gyda hi.

Torrodd y dyn ifanc ei galon. Roedd y meibion yn drist iawn o golli eu mam ac aethant i chwilio amdani yn aml. Un diwrnod, dyma hi'n ymddangos ger Dôl Hywel, gan ddweud wrth ei mab hynaf, Rhiwallon, y byddai'n dod yn feddyg. Rhoddodd hi gasgliad o feddyginiaethau iddo, gan ddweud y byddai e a'i ddisgynyddion – ei blant a'u plant nhw a'u plant nhw – yn feddygon ardderchog.

Gwelodd y meibion hi eto ymhen rhai dyddiau – ger Pant y Meddygon a Llidiart y Meddygon – a dangosodd hi blanhigion a pherlysiau iddynt oedd yn dda iawn ar gyfer gwella afiechydon.

Oherwydd eu gwybodaeth a'u sgiliau arbennig, daeth Rhiwallon a'i ddisgynyddion yn feddygon gorau'r wlad. Nhw oedd Meddygon Myddfai ac roeddent yn enwog iawn. Mae'n bosib gweld eu meddyginiaethau mewn hen hen lyfr o'r enw *Meddygon Myddfai* hyd yn oed heddiw.

1. Ble mae Llyn y Fan Fach?

Ticiwch **un**.

yng ngogledd Sir Gaerfyrddin	☐
yn ne Sir Gaerfyrddin	☐
yng ngorllewin Sir Gaerfyrddin	☐
yn nwyrain Sir Gaerfyrddin	☐

2. Rhowch y digwyddiadau hyn yn y drefn gywir – o 1 i 8.

Mae un wedi ei wneud yn barod i chi.

Syrthiodd y dyn ifanc mewn cariad â'r ferch.	☐
Roedd y bara'n rhy sych.	☐
Cynigiodd y dyn ifanc ddarn o fara iddi am y tro cyntaf.	☐
Roedd y bara'n berffaith.	☐
Gofynnodd y dyn ifanc i'r ferch ei briodi.	☐
Aeth dyn ifanc i gerdded ar lan Llyn y Fan Fach.	1
Cytunodd hi i'w briodi ar un amod.	☐
Roedd y bara'n rhy laith.	☐

3. Darllenwch y testun yma a sylwch ar y radd eithaf - **harddaf**.

'… gwelodd y forwyn **harddaf** roedd wedi ei gweld erioed.'

Beth yw ffurf eithaf yr ansoddeiriau mewn cromfachau?

Dyma'r bara _____ (**sych**) roedd y ferch wedi ei flasu erioed.

Dyma'r llyn _____ (**prydferth**) roedd y dyn ifanc wedi ei weld erioed.

Hwn oedd y dyn _____ (**hapus**) yn y byd.

4. Pa air yn y testun sy'n golygu 'aeth yn ôl'?

_____

5. Atalnodwch y frawddeg yma'n gywir.

Wna i byth dy daro di dywedodd y dyn ifanc

6. Beth oedd y dyn ifanc yn ei wneud yn yr ardal?

Ticiwch **un**.

gwerthu bara ☐ gofalu am anifeiliaid ☐

chwilio am wraig ☐ arnofio ar y dŵr ☐

7. Darllenwch y paragraff yma.

> Un diwrnod, digwyddodd rhywbeth anffodus iawn. Dyma'r dyn ifanc yn taro'i wraig yn ysgafn ar ddamwain yn ei chartref pan oedd hi'n anfodlon mynd i wasanaeth bedydd yn yr ardal. Yna, beth amser wedyn, dyma fe'n ei tharo hi eto ar ddamwain pan oedd hi'n crio mewn priodas – ac eto pan ddechreuodd hi chwerthin mewn angladd. Erbyn hyn, roedd e wedi ei tharo hi dair gwaith ac felly diflannodd y forwyn yn ôl i Lyn y Fan Fach, gan gymryd yr holl anifeiliaid gyda hi.

Tanlinellwch y **3** ymadrodd sy'n dangos lle roedd y ferch pan wnaeth y dyn ifanc ei tharo hi.

8. Darllenwch y paragraff yma.

> Torrodd y dyn ifanc ei galon. Roedd y meibion yn drist iawn o golli eu mam ac aethant i chwilio amdani yn aml. Un diwrnod, dyma hi'n ymddangos ger Dôl Hywel, gan ddweud wrth ei mab hynaf, Rhiwallon, y byddai'n dod yn feddyg. Rhoddodd hi gasgliad o feddyginiaethau iddo, gan ddweud y byddai e a'i ddisgynyddion – ei blant a'u plant nhw a'u plant nhw – yn feddygon ardderchog.

Tanlinellwch y frawddeg sy'n dangos bod gŵr y forwyn yn drist iawn.

9. Beth sy'n dangos bod y tri mab yn colli eu mam yn ofnadwy?

_____

10. Darllenwch y testun yma:

> Rhoddodd hi gasgliad o feddyginiaethau iddo …

Beth rydych chi'n meddwl yw ystyr y gair 'feddyginiaethau' (neu 'meddyginiaethau')? Edrychwch yn ofalus ar y gair i weld ydy e'n debyg i air arall rydych chi'n ei wybod. Efallai y bydd hyn yn eich helpu chi.

Ticiwch **un**.

rhestr o enwau anifeiliaid ☐

gwybodaeth am yr ardal ☐

syniadau ar gyfer sut i wella salwch ☐

ei chyfeiriad newydd yn y llyn ☐

Fel arfer, mae chwedl yn cynnwys ychydig o wirionedd ac ychydig o ffuglen neu elfennau ffantasïol. Mewn geiriau eraill, mae'n bosib bod rhai pethau'n wir a bod rhai pethau wedi cael eu creu. Mae'n bosib hefyd fod rhannau o chwedl yn cael eu newid wrth iddi hi gael ei hailadrodd dro ar ôl tro.

Atebwch y cwestiynau hyn, gan gefnogi'r hyn rydych chi'n ei ddweud â rhesymau ac enghreifftiau o'r chwedl.

- Beth yw'ch barn chi am y chwedl hon?
- Beth sy'n awgrymu y gallai rhannau o'r chwedl fod yn wir?
- Ydy rhai pethau'n rhy ffantasïol i fod yn wir?

Darllenwch yr erthygl yma.

Arwr!

Mae Siôn Williams wedi ennill gwobr sy'n dangos ei fod e'n fachgen arbennig iawn.

Mewn seremoni fawr mewn gwesty moethus yng Nghaerdydd nos Wener diwethaf, enillodd Siôn y teitl **Arwr Ifanc Cymru**, a rhaid dweud, mae e'n dipyn o arwr!

Pan fydd pobl yn meddwl am arwr, yn aml iawn, maen nhw'n meddwl am ddyn cryf, dewr, sy'n gallu gwneud pob math o gampau, fel hedfan i fyny i'r awyr efallai ac yna disgyn i'r ddaear i ddal y dyn drwg – fel rhyw fath o *Superman*. Mae pobl eraill yn meddwl am ferch hardd, glyfar sy'n achub y byd rhag aliwns o'r gofod neu bob math o greaduriaid ofnadwy eraill.

Ond nid dyna beth yw arwr ac, yn sicr, nid dyna'r math o arwr yw Siôn. Bachgen deg oed, yn Ysgol Pant y Felin, yw e. Mae e'n hoffi chwarae pêl-droed a bwyta brechdanau menyn cnau mwnci – fel llawer o fechgyn eraill ei oed.

Mae e'n arwr oherwydd ei fod e wedi bod yn cefnogi ei frawd iau, Ifan, sy'n bump oed.

"Mae Ifan wedi bod yn sâl iawn ac mae e wedi bod i mewn ac allan o'r ysbyty am bedair blynedd er mwyn cael gwahanol driniaethau," eglurodd mam Siôn. "Mae e'n gwella nawr, diolch byth, ond mae Siôn wedi ei gefnogi fe drwy'r holl amseroedd caled. Mae e wedi treulio cymaint o amser â phosib gyda fe yn yr ysbyty, yn chwarae gyda fe ac yn ceisio codi ei galon – hyd yn oed ar adegau pan fyddai'n well gyda fe fod allan yn chwarae gyda'i ffrindiau. Mae e bob amser yn rhoi Ifan yn gyntaf – hyd yn oed os yw hynny'n golygu ei fod e ei hun yn colli allan ar lawer o hwyl"

"Mae e bob amser yn barod i helpu i ofalu am Ifan yn y tŷ," dywedodd tad Siôn. "Dyna pam anfonais ei enw e i'r gystadleuaeth **Arwr Ifanc Cymru**. Mae e'n haeddu ennill."

Y wobr

Yn ogystal ag ennill y teitl, mae Siôn wedi ennill gwyliau i bedwar yn America, ond pwy fydd yn mynd gyda fe?

"Ifan, fy mrawd, wrth gwrs," dywedodd. "A Mam a Dad efallai – os ydyn nhw'n addo bihafio eu hunain," ychwanegodd, gan wincio'n chwareus ar ei rieni.

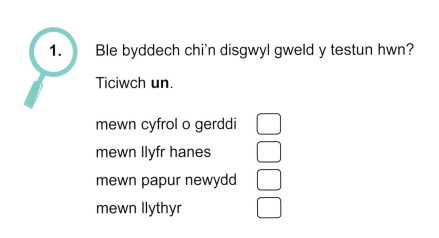

1. Ble byddech chi'n disgwyl gweld y testun hwn?

Ticiwch **un**.

mewn cyfrol o gerddi ☐

mewn llyfr hanes ☐

mewn papur newydd ☐

mewn llythyr ☐

2. Dewiswch a chopïwch **un** o'r ansoddeiriau sydd yn yr ail baragraff.

_____

3. Pa un o'r is-benawdau yma fyddai orau rhwng yr ail a'r trydydd paragraff?

Ticiwch **un.**

Seremoni fawr ☐
Gwobr arbennig ☐
Beth yw arwr? ☐
Gwyliau gwych ☐

4. Ysgrifennwch **4** ffaith am Siôn.

a. _____

b. _____

c. _____

ch. _____

5. Pwy yw Ifan?

brawd mawr Siôn ☐
brawd bach Siôn ☐
ffrind Siôn ☐
tad Siôn ☐

6. Pam mae dyfynodau yn cael eu defnyddio ar ddechau'r ail golofn?

_____

7. Darllenwch y paragraff yma eto.

> Mae e wedi treulio cymaint o amser â phosib gyda fe yn yr ysbyty, yn chwarae gyda fe ac yn ceisio 'codi ei galon' - hyd yn oed ar adegau pan fyddai'n well gyda fe fod allan yn chwarae gyda'i ffrindiau.

Beth yw ystyr yr ymadrodd 'codi ei galon' yn y dyfyniad hwn?

_____

Ticiwch **un**.

rhoi calon newydd iddo ☐

gwneud iddo deimlo'n hapusach ☐

ei helpu i godi o'r gwely ☐

rhoi balŵn siâp calon iddo ☐

8. Pwy anfonodd enw Siôn i'r gystadleuaeth?

Ticiwch **un**.

Siôn ☐

Mam ☐

Dad ☐

Ifan ☐

9. Beth mae'r geiriau 'gan wincio'n chwareus ar ei rieni' yn ei awgrymu?

Ticiwch **un**.

Mae Siôn yn tynnu coes ei rieni. ☐

Mae Siôn yn hoffi chwarae gyda'i rieni. ☐

Mae rhieni Siôn bob amser yn bihafio eu hunain. ☐

Mae Siôn yn hoffi wincio. ☐

Sut mae Siôn yn wahanol i'r syniad arferol am arwr?

Beth yw arwr go iawn yn eich barn chi?

Darllenwch y testun yn y bocs isod.

Eich iechyd chi

Cyflwynydd: Prynhawn da. Croeso i raglen arall yn y gyfres 'Eich iechyd chi'. Yn y stiwdio heddiw, mae Dr Carys Pugh, arbenigwr ar broblemau gordewdra yn Ysbyty'r Brifysgol. Croeso i'r stiwdio Dr Pugh.

Dr Pugh: Diolch.

Cyflwynydd: Dr Pugh, wnewch chi esbonio pam mae cymaint o blant yn ordew y dyddiau hyn?

Dr Pugh: Y prif reswm yw bod plant yn bwyta gormod a dim yn gwneud digon o ymarfer corff, hynny yw, maen nhw'n bwyta mwy o galorïau na maen nhw'n llosgi. Flynyddoedd yn ôl, roedd plant yn mynd allan i chwarae ac roedd llawer yn cerdded i'r ysgol. Erbyn hyn, mae plant yn chwarae gemau cyfrifiadur yn hytrach na rhedeg o gwmpas ac mae llawer mwy yn mynd i'r ysgol mewn car.

Cyflwynydd: Faint o blant Cymru sydd mewn perygl?

Dr Pugh: Mae un o bob tri ohonyn nhw naill ai dros eu pwysau neu'n ordew.

Cyflwynydd: Beth yw'r ffordd orau i blant golli pwysau?

Dr Pugh: Y peth pwysicaf yw bwyta llai o galorïau na maen nhw'n llosgi.

Mae'n rhaid bwyta diet cytbwys a gwneud digon o ymarfer corff. Dydy diet rhai plant ddim yn dda. Dim ond 59% sy'n bwyta ffrwyth bob dydd a dim ond 50% sy'n bwyta llysiau. Dydy hyn ddim yn dda achos dylen nhw fod yn cael rhwng pump a saith ffrwyth neu lysieuyn y dydd.

Cyflwynydd: Beth am ymarfer corff? Ydy plant yn gwneud digon o ymarfer corff?

Dr Pugh: Nac ydyn. Dim ond 34% sy'n gwneud awr y dydd o weithgaredd corfforol bob wythnos ac mae 17% arall yn gwneud awr y dydd bum gwaith yr wythnos.

Cyflwynydd: Oes gwahaniaeth rhwng arferion bechgyn a merched?

Dr Pugh: Oes. Mae merched yn well am fwyta ffrwythau a llysiau ac mae bechgyn yn well am wneud ymarfer corff.

Cyflwynydd: Beth yw'ch cyngor chi i'r rhai sydd wedi magu pwysau?

Dr Pugh: Dyma rai pethau gallwch chi eu gwneud i helpu:

- torri'r braster oddi ar gig
- bwyta llai o fwydydd llawn siwgr
- bwyta llai o fwydydd llawn braster
- dewis llaeth, caws ac iogwrt braster isel
- bwyta mwy o amrywiaeth o lysiau a ffrwythau – cofiwch fod angen rhwng pump a saith y dydd arnoch chi
- gwneud digon o weithgareddau corfforol.

Cyflwynydd: Diolch am y cyngor Dr Pugh a diolch am siarad â fi ar y rhaglen. Hwyl fawr.

Dr Pugh: Croeso. Da boch chi.

1. Beth yw ffurf y testun hwn? Ticiwch **un**.

llythyr ☐
cyfweliad ☐
araith ☐
erthygl ☐

2. Ble mae Dr Pugh yn gweithio?

_____

3. Ble mae Dr Pugh a'r cyflwynydd yn siarad?

_____

4. Beth yw ystyr y gair 'cyflwynydd'? Ticiwch **un**.

rhywun sy'n gofyn cwestiynau ac yn siarad â'r gynulleidfa ☐
rhywun sy'n ateb cwestiynau ☐
rhywun sy'n siarad llawer ☐
rhywun sy'n ysgrifennu sgript ☐

5. Beth yw ystyr y gair 'arbenigwr'? Ticiwch **un**.

rhywun sy'n ddoctor ☐
rhywun sy'n gwybod llawer am bwnc ☐
rhywun sy'n siarad am ordewdra ☐
rhywun sydd eisiau colli pwysau ☐

6. Ticiwch **Cywir** neu **Anghywir** ar gyfer pob brawddeg.

	Cywir	Anghywir
1. Nid yw plant yn gwneud digon o ymarfer corff.		
2. Mae bechgyn yn bwyta mwy o lysiau na merched.		
3. Mae ²/₃ o blant Cymru dros eu pwysau neu yn ordew.		
4. Mae mwy o blant yn bwyta ffrwythau na llysiau.		

7. Os byddwch chi'n magu pwysau, byddwch chi'n:

pwyso llai wythnos nesa ☐

pwyso'r un faint wythnos nesa ☐

pwyso mwy wythnos nesa ☐

ddim yn pwyso wythnos nesa ☐

8. Beth yw ystyr 'rhoi cyngor'? Ticiwch **un**.

rhoi arweiniad ☐

rhoi rheolau ☐

rhoi stŵr ☐

rhoi diet i rywun ☐

9. Pa ganran o blant sy'n gwneud awr y dydd o ymarfer corff?

_____

10. Llenwch y bylchau yn y tabl. Mae'r un cyntaf wedi ei wneud i chi.

Unigol	Lluosog
llysieuyn	llysiau
	blynyddoedd
cyfrifiadur	
	ffrwythau
	arferion
	bwydydd

11. Tynnwch linellau i gysylltu'r ddau hanner i wneud brawddegau synhwyrol. Mae un enghraifft wedi ei gwneud i chi.

1. Mae torri'r braster oddi ar gig

bwyta llai ac ymarfer mwy.

2. Mae angen i 41% o blant

roedd plant yn cerdded i'r ysgol.

3. I golli pwysau, mae'n rhaid

o blant yn pwyso gormod.

4. Mae tua 34% o blant yn gwneud

fwyta mwy o ffrwythau.

5. Yn y gorffennol

ymarfer corfforol bob dydd.

6. Mae tua 33%

yn help i golli pwysau.

12. Beth sy'n **rhaid** i chi ei wneud i golli pwysau? Ticiwch **un**.

bwyta pump y dydd ☐

bwyta llai o galorïau na'r hyn rydych chi'n ei losgi ☐

dewis llaeth, caws a iogwrt ☐

bwyta llai o gig ☐

Yn eich grŵp, eglurwch beth rydych chi'n ei wneud i gadw'n heini ac yn iach. Meddyliwch am:

- faint o ffrwythau a llysiau rydych chi'n eu bwyta

- faint o ymarfer corff rydych chi'n ei wneud

- beth arall allech chi ei wneud i wella'ch ffitrwydd a'ch iechyd.

Oes rhywbeth arall dylech chi ei wneud i gadw'n heini ac yn iach? Darllenwch y darn eto i weld beth arall allech chi ei wneud.

TORFAEN LIBRARIES

Hefyd yn y gyfres...

Am fwy o fanylion, ewch i:
http://www.canolfanpeniarth.org/ditectif-geiriau

neu'r gweithgareddau:

http://adnoddau.canolfanpeniarth.org/ditectif-geiriau/.